CÓMO COMPARTIR SU FE

TERCERA PARTE DE LA SERIE DESARROLLANDO
DONES Y HABILIDADES

DR. HENDRIK J. VORSTER

MANUAL DEL DISCÍPULOS

ÍNDICE

DESARROLLANDO LOS DONES Y HABILIDADES

PAS TRES

-- Manual Del Discipulos --

CÓMO COMPARTIR SU FE
Tercera parte de la serie Desarrollando Dones y Habilidades
(Manual del Discípulos)
By Dr. Hendrik J. Vorster

Una guía práctica para aprender los valores y las disciplinas espirituales del Reino de
Dios como lo enseñó el Señor Jesucristo.
A parte de este manual, necesitarás los siguientes artículos para completar su
estudio:
Una Biblia en la Nueva Versión Internacional.
Lápiz o lapicero para escribir sus respuestas.
Lapices de color (rojo, azul, verde y amarillo).

Para obtener más copias e información, visite y escribanos at: www.
churchplantinginstitute.com
resources@churchplantinginstitute.com

Church Planting Institute es un ministerio Registrado de Cornerstone Ministries
International.

ISBN 978-1-955923-95-8

PARTE I

CÓMO COMPARTIR SU FE

TERCERA PARTE DE LA SERIE
DESARROLLANDO DONES Y HABILIDADES

INTRODUCCIÓN A COMPARTIR NUESTRA FE
SESIÓN UNO

Todos somos testigos de lo que Dios ha hecho en nuestras vidas. Nuestro llamado es testificar y compartir esto con otros.

Jesús enseñó a sus discípulos *la disciplina espiritual de* _____ cuando les enseñó por primera vez en la montaña. Les dijo que ellos eran **Luz** y **Sal** y que deberían dejar su *"luz brillar ante los demás para que puedan ver tus buenas obras y glorificar a tu Padre Celestial."* Esta es una directiva clara para ser un testigo, para ser una luz para el mundo.

Testificar requiere un compromiso de ser tanto una "____" como "___".

Mateo 5:13-16 (NIV) [13] *"Ustedes son la sal de la tierra. Pero, si la sal se vuelve insípida, ¿cómo recobrará su sabor? Ya no sirve para nada, sino para que la gente la deseche y la pisotee.* [14] *"Ustedes son la luz del mundo. Una ciudad en lo alto de una colina no puede esconderse.* [15] *Ni se enciende una lámpara para cubrirla con un cajón. Por el contrario, se pone en la repisa para que alumbre a todos los que están en la casa.* [16] *Hagan brillar su luz delante de todos, para que ellos puedan ver las buenas obras de ustedes y alaben al Padre que está en el cielo."*

Ser una "__" significa que nos comprometemos a exhibirnos en público como un ejemplo para que otros vean la _____ de Cristo brillando en nuestras vidas a través de las _____ que observan en nuestras vidas y a través de ellas.

Ser "__" requiere que vivamos dignamente, defendiendo los valores del Reino de Dios a través de nuestra conducta de altos principios. Por otro lado, ser testigos también requiere que compartamos la Palabra de Dios oralmente.

Testificar requiere un compromiso de "_____" las Buenas Nuevas.

Durante los momentos de despedida antes de que Jesus ascendiera al cielo, les dio a sus discípulos la "**Gran** _____." La Gran Comisión requiere que _____ al mundo entero y _____ las Buenas Nuevas acerca de Jesucristo y los _____ como seguidores obedientes de Jesucristo.

Marcos 16:15 (NVI) "15 Les dijo: vayan por todo el mundo y anuncien las buenas nuevas a toda criatura."

Marco 16:20 (NVI) "20 Los discípulos salieron y predicaron por todas partes, y el Señor los ayudaba en la obra y confirmaba su palabra con las señales que la acompañaban."

Testificar requiere un compromiso tanto de "_____" como "_____."

Jesús no solo requiere que sus seguidores *"vayan por todo el mundo y prediquen el evangelio,"* sino que también les pide que _____ a aquellos cuyos corazones están abiertos y responden al mensaje del evangelio que se predica.

Mateo 28:19-20 (NVI) "19 Por tanto, vayan y hagan discípulos de todas las naciones, bautizándolos en el nombre del Padre y del Hijo y del Espíritu Santo, 20 enseñándoles a obedecer todo lo que les he mandado a ustedes. Y les aseguro que estaré con ustedes siempre, hasta el fin del mundo."

La iglesia en Hechos hizo exactamente eso; predicaron e hicieron discípulos. Jesús nos instruyó a _____ el evangelio y a _____ a nuestros discípulos lo que Él nos enseñó. La iglesia primitiva hizo precisamente eso. Fue esta aceptación más amplia de la Instrucción Final que el Señor dio a Sus Discípulos lo que le dio prioridad a que se convirtiera en la "**Gran Comision.**"

Hechos 11:19-21 (NVI) "19 Los que se habían dispersado a causa de la persecución que se desató por el caso de Esteban llegaron hasta Fenicia, Chipre y Antioquía, sin anunciar a nadie el mensaje excepto a los judíos. 20 Sin embargo, había entre ellos algunas personas de Chipre y de Cirene que, al llegar a Antioquía, comenzaron a hablarles también a los de habla griega, anunciándoles las buenas nuevas acerca del Señor Jesus. 21 El poder del Señor estaba con ellos, y un gran número creyó y se convirtió al Señor."

Hechos 11:25-26 (NVI) 25 Después partió Bernabé para Tarso en busca de Saulo, 26 y, cuando lo encontró, lo llevó a Antioquia. Durante todo un año se reunieron los dos con la iglesia y enseñaron a mucha gente. Fue en Antioquía donde a los discípulos se les llamó "cristianos" por primera vez.

Vemos este patrón replicado en muchos relatos en los Hechos de los Apóstoles. No es de extrañar que la iglesia primitiva creciera exponencialmente. Creo, y veo, que experimentaremos el mismo impacto y transformación de las naciones que experimentaron los Apóstoles y la iglesia primitiva cuando abrazamos nuevamente, como el cuerpo de Cristo, como creyentes, la "**Gran Comisión**" como nuestra misión. Cubriremos la tierra con la Buena Nueva de Jesucristo.

¿Cómo creerán sin que alguien les diga?

Periódicamente debemos preguntarnos: *¿Cómo creerán a menos que se* _____*?* La respuesta a esta pregunta siempre debe llevarnos a un compromiso de actuar y compartir nuestra fe.

> *Romanos 10:14-15 (NVI) 14 Ahora bien, ¿cómo invocarán a aquel en quien no han creído? ¿Y cómo creerán en aquel de quien no han oído? ¿Y cómo oirán si no hay quien les predique? 15 ¿Y quién predicará sin ser enviado? Así está escrito: "¡Qué hermoso es recibir al mensajero que trae buenas nuevas!"*

Jesús modelo la predicación y el discipulado

Jesús comenzó su ministerio terrenal haciendo exactamente eso; Predico un Mensaje de Arrepentimiento

> *Mateo 3:1-2 (NVI) "1 En aquellos días se presentó Juan el Bautista predicando en el desierto de Judea. 2 decía: "Arrepiéntanse, porque el reino de los cielos está cerca"."*

> *Mateo 4:17 (NVI) "17 Desde entonces comenzó Jesus a predicar: "Arrepiéntanse, porque el reino de los cielos está cerca.""*

Como resultado de esta predicación, Jesus encontró a sus primeros discípulos. Vemos ese proceso modelado por Jesus en el Evangelio de Lucas. Primero Jesús predicó, y luego realizó un milagro, y luego Pedro se arrodilló ante Jesus y lo siguió para ser Su discípulo.

> *Lucas 5:1 (NVI) "1 Un día estaba Jesús a orillas del lago de Genesaret, y la gente lo apretujaba para escuchar el mensaje de Dios."*

Jesus predicó la Palabra de Dios junto al lago de Genesaret. Es aquí donde conoció a Pedro, Andres, Santiago y Juan, los propietarios de dos arrastreros de pesca.

> *Lucas 5:4-6 (NVI) "4 Cuando acabó de hablar, le dijo a Simón: --Lleva la barca hacia aguas más profundas, y echen allí las redes para pescar. 5 --Maestro, hemos estado trabajando duro toda la noche y no hemos pescado nada --le contestó Simón--. Pero, como tu me lo mandas, echaré las redes. 6 Así lo hicieron, y recogieron una cantidad tan grande de peces que las redes se les rompían."*

Jesus realizó un milagro que los asombró. Uno de los elementos constantes que presenciamos en la obra de la iglesia primitiva fue su apasionada obediencia para _____ a Jesús, "*realizar milagros, señales y prodigios,*" y _____. En medio de una severa persecución, la iglesia avanzó e incluso ganó el hostil Imperio Romano.

> *Lucas 5:8-9 (NVI) "8 Al ver esto, Simon Pedro cayó de rodillas delante de Jesus y le dijo: --¡Apártate de mí, Señor; soy un pecador! 9 Es que él y todos sus compañeros estaban asombrados ante la pesca que habían hecho."*

En varias ocasiones, vemos que este mismo patrón de ministerio también se repite; Predicación, milagros, arrepentimiento y personas que se vuelven seguidores.

> *Lucas 5:10-11 (NVI) 10 "como también lo estaban Jacobo y Juan, hijos de Zebedeo, que eran socios de Simón. --No temas; desde ahora serás pescador de hombres --le dijo Jesus a Simón. 11 Asi que llevaron las barcas a tierra y, dejándolo todo, siguieron a Jesus."*

Estos primeros Discipulos del Senor presenciaron de primera mano un milagro, cuya impresión los impactó tanto que Pedro cayó de rodillas y _____ que era un pecador. El impacto de que **prediquemos** o hablemos la Palabra de Dios debería resultar en que las personas pongan su fe en Jesús.

Pedro preciso, realizó milagros y discipuló donde quiera que fue

El Apostol Pedro fue un ejemplo de cómo practicar esta Disciplina Espiritual desde el inicio de la Fundación de la Iglesia. Él es quien se puso de pie en el día de Pentecostés y predicó ese mensaje que vio a 3000 personas viniendo a Cristo.

Hechos 2:14 (NVI) Pedro se dirige a la multitud "14 Entonces Pedro, con los once, se puso de pie y dijo a voz en cuello: "Compatriotas judio y todos ustedes que están en Jerusalén, déjenme explicarles lo que sucede; presten atención a lo que les voy a decir."

Pedro predicó a Jesús.

Hechos 2:22 (NVI) "22 "Pueblo de Israel, escuchen esto: Jesús de Nazaret fue un hombre acreditado por Dios ante ustedes con milagros, señales y prodigios, los cuales realizó Dios entre ustedes por medio de él, como bien lo saben."

Su mensaje incluye la muerte y resurrección de Jesús.

Hechos 2:31-33 (NVI) 31 Fue así como previó lo que iba a suceder. Refiriéndose a la resurrección del Mesías, afirmó que Dios no dejaría que su vida terminara en el sepulcro, ni que su fin fuera la corrupción. 32 A este Jesús, Dios lo resucitó, y de ello todos nosotros somos testigos. 33 Exaltado por el poder de Dios, y habiendo recibido del Padre el Espíritu Santo prometido, ha derramado esto que ustedes ahora ven y oyen"

Ninguna predicación está completa a menos que culmine en una oportunidad o un llamado al _____ y a _____ Cristo como Senor. La Mano del Senor estará sobre los oyentes para traer la convicción, pero tenemos que seguir adelante llevándolos a la salvación.

Esto es exactamente lo que sucedió cuando Pedro predicó ese increíble mensaje el día de Pentecostés. La gente tuvo tal convicción que realmente le preguntaron a Pedro: "¿Que haremos?" Querían ser salvos. Querían reconciliarse con Dios. Querían recibir a este Jesús en sus vidas.

> *Hechos 2:36-41 (NVI) 36 "Por tanto, sépalo bien todo Israel que a este Jesús, a quien ustedes crucificaron, Dios lo ha hecho Señor y Mesías." 37 Cuando oyeron esto, todos se sintieron profundamente conmovidos y les dijeron a Pedro y a los otros apóstoles:-- Hermanos, ¿qué debemos hacer? 38 --Arrepiéntase y bautícese cada uno de ustedes en el nombre de Jesucristo para perdón de sus pecados --les contestó Pedro--, y recibirán el don del Espíritu Santo. 39 En efecto, la promesa es para ustedes, para sus hijos y para todos los extranjeros, es decir, para todos aquellos a quienes el Señor nuestro Dios quiera llamar." 40 Y con muchas otras razones les exhortaba insistentemente: --¡Sálvense de esta generación perversa! 41 Así, pues, los que recibieron su mensaje fueron bautizados, y aquel día se unieron a la iglesia unas tres mil personas."*

En muchas otras ocasiones vemos que se sigue el mismo patrón de testigos seguidores; milagros, predicación y gente que pone su fe en Jesucristo.

En el capítulo tres de los Hechos de los Apóstoles, leemos sobre la sanidad del mendigo cojo, a lo que siguió la oportunidad de compartir sobre Jesús de Nazaret. 5000 personas vinieron al Señor como resultado de ese testimonio de que el Señor Jesus era el Cristo resucitado y el Mesías.

Hechos 3:9-10 (NVI) "9 Cuando todo el pueblo lo vio caminar y alabar a Dios, 10 lo reconocieron como el mismo hombre que acostumbraba pedir limosna sentado junto a la puerta llamada Hermosa, y se llenaron de admiración y asombro por lo que le había ocurrido."

El enfoque de su mensaje era claro: arrepientete, para que tus pecados sean borrados y lleguen tiempos de refrigerio.

Hechos 3:19 (NVI) "19 Por tanto, para que sean borrados sus pecados, arrepiéntanse y vuélvanse a Dios, a fin de que vengan tiempos de descanso de parte del Señor,"

El impacto del Señor trabajando con Pedro al dar testimonio del Señor Jesús fue increíble. Primero, los saduceos y los maestros de la ley se enfurecieron por los mensajes sobre la resurrección de Jesucristo que los encarcelaron, pero el impacto del mensaje fue tan poderoso que 5000 personas creyeron el mensaje. En segundo lugar, Pedro y Juan, después del encarcelamiento, salieron aún más fuertes y continuaron en la obra del Señor.

Hechos 4:2 (NVI) "2 Estaban muy disgustados porque los apóstoles enseñaban a la gente y proclamaban la resurrección, que se había hecho evidente en el caso de Jesus."

Hechos 4:4 (NVI) "4 Pero muchos de los que oyeron el mensaje creyeron, y el número de estos, contando sólo a los hombres, llegaba a unos cinco mil."

El impacto innegable fue claro para todos en Jerusalén y más allá. Cada vez más personas creían en el Señor, tanto por haber visto la demostración del Poder de Dios como por haber escuchado el Mensaje que les fue entregado por los Apóstoles.

Hechos 5:12 (NVI) Los apóstoles sanan a muchas personas "12 Por medio de los apóstoles ocurrían muchas señales y prodigios entre el pueblo; y todos los creyentes se reúnen de común acuerdo en el Portico de Salomon."

Hechos 5:14-15 (NVI) 14 Y seguía aumentando el número de los que confiaban en el Señor. 15 Era tal la multitud de hombres y mujeres que hasta sacaban a los enfermos a las plazas y los ponían en camillas para que, al pasar Pedro, por lo menos su sombra cayera sobre alguno de ellos.

Los primeros creyentes también predicaron en todas partes

Los primeros creyentes difundieron la Palabra de Dios dondequiera que fueran. El Evangelio se predicó en todas partes. La predicación es traer el mensaje de que Jesús es el Hijo de Dios, y por la fe en Él como su Señor y Salvador, Él puede salvarlo.

Hechos 8:4 (NVI) "4 Los que se habían dispersado predicaban la palabra por dondequiera que iban."

Mientras estos creyentes iban, predicaban tanto a judio como a gentiles.

Hechos 11:19-21 (NVI) "19 Los que se habían dispersado a causa de la persecución que se desató por el caso de Esteban llegaron hasta Fenicia, Chipre y Antioquía, sin anunciar a nadie el mensaje excepto a los judios. 20 Sin embargo, había entre ellos algunas personas de Chipre y de Cirene que, al llegar a Antio- quía, comenzaron a hablarles también a los de habla griega, anunciándose las buenas nuevas acerca del Señor Jesus. 21 El poder del Señor estaba con ellos, y un gran número creyó y se convirtió al Señor."

Vemos como las Palabras de Jesus se cumplieron a través de estos Creyentes, cuando se convirtieron en testigos en Judea, Samaria y hasta los confines de la tierra. Aquí tenemos un relato de ellos predicando a los griegos y más tarde también a los samaritanos.

Felipe predicó a los Samaritanos

Felipe fue uno de los creyentes que se dispersó a través de la persecución que estalló en Jerusalén. En lugar de retroceder, fueron y difundieron el Evangelio por todas partes, incluso entre los samaritanos, lo cual era totalmente intercultural para ellos en ese momento.

> *Hechos 8:5 (NVI) "5 Felipe bajó a un ciudad de Samaria y les anunciaba al Mesías"*

> *Hechos 8:12 (NVI) "12 Pero, cuando creyeron a Felipe, que les anunciaba las buenas nuevas del reino de Dios y el nombre de Jesucristo, tanto hombres como mujeres se bautizaron."*

> *Hechos 8:25 (NVI) "25 Después de testificar y proclamar la palabra del Señor, Pedro y Juan se pusieron en camino de vuelta a Jerusalén, y de paso predicaron el evangelio en muchas poblaciones de los samaritanos."*

Pablo inmediatamente comenzó a predicar cuando fue salvo.

El apóstol Pablo, cuando vino al Señor, inmediatamente comenzó a predicar y demostrar que Jesus era el Mesías.

> *Hechos 9:20 (NVI) "20 Y en seguida se dedicó a predicar en las sinagogas, afirmando que Jesus es el Hijo de Dios."*

Es este acto obediente en la "*Gran Comisión*"lo que cambió el mundo entero para Jesús.

En el capítulo 16 de Hechos vemos otro ejemplo del impacto de **predicar** el Evangelio y **testificar** del Señor Jesus. Después de que

Pablo tuvo su *Visión de Macedonia,* él y sus compañeros partieron hacia Macedonia para predicar las Buenas Nuevas de Jesús.

> *Hechos 16:10 (NVI) "10 Después de que Pablo tuvo la visión, en seguida nos preparamos para partir hacia Macedonia, convencidos de que Dios nos había llamado a anunciar el evangelio a los macedonios."*

El resultado de que Pablo compartiera el mensaje de Cristo fue que, *"El Senor le abrio el corazon para responder al mensaje de Pablo"*

> *Hechos 16:13-14 (NVI) "13 El sábado salimos a las afueras de la ciudad, y fuimos por la orilla del río, donde esperábamos encontrar un lugar de oración. Nos sentamos y nos pusimos a conversar con las mujeres que se habían reunido. 14 Una de ellas, que se llamaba Lidia, adoraba a Dios. Era de la ciudad de Tiatira y vendía telas de púrpura. Mientras escuchaba, el Señor le abrió el corazón para que respondiera el mensaje de Pablo."*

Lo que aprendemos del *"Testificar"* a través de la vida de los Apóstoles, y los Creyentes en Hechos, es que ellos *"predicaron"* en todas partes y que, *"el Señor"* verdaderamente *"trabajó con ellos para confirmar la Palabra"*.

Conclusión

Por lo tanto, debemos comprometernos a testificar compartiendo nuestra fe, predicando y testificando lo que Dios hizo por nosotros.

HOJA DE ASIMILACIÓN
INTRODUCCIÓN PARA COMPARTIR NUESTRA FE

1. Complete el enunciado. *Testificar requiere el compromiso de ser tanto una "___" como "___."*
2. ¿Qué Escritura nos enseña este principio? _____
3. Complete el enunciado. *Testificar requiere el compromiso de "_____" las Buenas Nuevas.*
4. ¿Qué Escritura nos enseña este principio? _____
5. Complete el enunciado. *Testificar requiere un compromiso tanto en "predicar" como "_____.*
6. ¿Qué Escritura nos enseña este principio?

    _____
7. ¿Cómo se difundirá el Evangelio? _____

    _____
8. ¿Qué Escritura nos anima en esto? _____
9. ¿Que nos modeló Jesús con respecto a cómo ministrar? *Él nos* modeló _____ y _____.
10. ¿Qué Escritura nos enseña este principio? _____
11. ¿Cuál fue uno de los resultados de la predicación de Jesus en el capítulo cinco de Lucas? _____

    _____
    _____

12. ¿Cuáles fueron las cosas clave que sucedieron cuando Jesus predicó en Lucas 5:1-11? _____

_____

_____

13. ¿Qué hizo Pedro el día de Pentecostés? _____

14. ¿Cuántas personas vinieron al Señor como resultado de esa predicación? _____

_____

15. ¿Qué hizo Pedro en Hechos capítulo 3 versículo 9 en adelante? _____

_____

16. ¿Cuál fue su mensaje principal? _____

_____

17. ¿Dónde predicaron los primeros creyentes? Sustentar con las Escrituras. _____

_____

_____

18. ¿Qué creyente predicó a los samaritanos? Sustentar con las Escrituras. _____

19. ¿Qué hizo Pablo cuando fue salvo? Sustentar con las Escrituras. _____

20. ¿Pablo entregó un mensaje en el capítulo dieciséis de Hechos en Macedonia? Sustentar con la Escritura.

_____

_____

21. ¿Qué hizo el Señor cuando predicaron la Palabra? _____

_____

_____

COMPARTIENDO NUESTRA FE DE MANERA PRÁCTICA

SESIÓN DOS

En esta sesión veremos formas en las que podemos compartir nuestra fe de una manera práctica.

¿Cómo podemos compartir nuestra fe de una manera práctica?

1. Haga de la _____ la misión de su vida.

Esto significa que te comprometes a abrazar todos los diferentes aspectos de la Gran Comisión y cumplirla a diario. Es lo más natural para los nuevos creyentes compartir su nueva fe en Jesús. Te animo a que hagas de esta una misión y una disciplina tuyas de por vida para compartir tu fe con los demás.

Comprometerte con esta Misión Requiere:

- Un compromiso de "__."
- Que "_____" el evangelio.
- Que "_____" a los que aceptan a Cristo.
- Que "_____" a los nuevos creyentes a obedecer todo lo que Jesús nos enseñó.

2. Comprométase ponerse los zapatos de la _____ para compartir su fe.

Se nos anima a ponernos la "**Armadura Completa de Dios**" todos los días. Una de las partes esenciales de la "**Armadura de Dios**" son los "*Zapatos de _____*". Estar preparados trae dentro de nosotros una expectativa para mantener los ojos abiertos para cuando surja la oportunidad.

Estar preparados también nos hace menos ansiosos cuando tenemos la oportunidad de compartir. Estar preparados también nos hace más audaces y confiados, ya que esperamos ver cómo el Señor abrirá sus corazones para recibirlo como su Señor y Salvador.

> *Efesios 6:15 (NVI) "15 y calzados con la disposición de proclamar el evangelio de la paz."*

> *Efesios 6:15 (PDT) "15 Prepárense poniéndose el calzado de anunciar las buenas noticias de la paz;"*

Nuestra preparación para cada día debe incluir la disposición a compartir la Esperanza que tenemos en Jesús, mientras prestamos atención para mantener nuestro buen comportamiento.

> *1 Pedro 3:15-16 (NVI Castilian) "15 Más bien, honrad en vuestro corazón a Cristo como Señor. Estad siempre preparados para responder a todo el que os pida razón de la esperanza que hay en vosotros. 16 Pero hacedlo con gentileza y respeto, manteniendo la conciencia limpia, para que los que hablan mal de vuestra buena conducta en Cristo se avergüencen de sus calumnias."*

3. ¿Aprende a compartir el Evangelio como lo hicieron los apóstoles?

Una de las principales razones por las que la gente no comparte su fe, según la investigación de Lesli White de Beliefnet.com[1], es que la gente *"no siente que está bien informada"* para compartir el Evangelio.

Durante nuestra próxima sesión aprenderemos claramente el mensaje del Evangelio.

El Evangelio

La estrategia y el contenido que los apóstoles, y los primeros creyentes, utilizaron para compartir el Evangelio se destacan en el Nuevo Testamento. Fue fundada bíblicamente y perseguida intencionalmente bajo el poder del Espíritu Santo. Usaron la Palabra de Dios en casi todos los relatos para testificar acerca de Jesus, y dependieron fuertemente del Espíritu Santo para traer convicción, y del Señor para confirmar Su Palabra a través de señales y prodigios. Suplicaron a los oyentes que se reconciliaran con Dios, se arrepintieran de sus pecados y aceptaran a Jesucristo como Senor.

El apóstol Pablo, en su discurso a la Iglesia en Corinto, les recuerda el mensaje del Evangelio por el cual fueron salvos:

> *1 Corintios 15:1-8 (NVI) 1 Ahora,* **hermanos, quiero recordarles el evangelio** *que les prediqué, el mismo que recibieron en el cual se mantienen firmes. 2* **Mediante este evangelio son salvos,** *si se aferran a la palabra que les prediqué. De otro modo, habrán creído en vano. 3 Porque ante todo les transmití a ustedes lo que yo mismo recibí:* **que Cristo murió por nuestros pecados según las Escrituras, 4 que fue sepultado, que resucitó al tercer día según las Escrituras,5 y que se apareció** *a Cefas, y luego a los doce. 6 Después se apareció a más de quinientos hermanos a la vez, la mayoría de los cuales vive todavía, aunque algunos han muerto. 7 Luego se apareció a Jacobo, más tarde a todos los*

apóstoles, 8 y, por último, como a uno nacido fuera de tiempo, se
me apareció también a mi."

El Evangelio trata de Jesucristo, quien ____ por nuestros pecados, en
nuestro lugar, para salvarnos, pero luego se _____ de entre los muertos y
está ___ . ¡Ahora servimos al Dios vivo! La validación de las Escrituras
es notable a lo largo de este mensaje y a lo largo de la predicación de
Jesus, sus discípulos y los numerosos relatos de donde leemos sobre
la predicación de los creyentes.

1. Cristo murió por nuestros pecados, según las Escrituras.

Cristo murió por nuestros pecados cuando todavía estábamos
muertos en nuestros pecados. Todos pecamos y necesitamos un
Salvador. Cristo es nuestro Salvador.

> *Isaías 53:5 (NVI) "5 El fue traspasado por nuestras rebeliones, y*
> *molido por nuestras iniquidades; sobre él recayó el castigo,*
> *precio de nuestra paz, y gracias a sus heridas fuimos sanados."*

Él fue herido por nuestras rebeliones. También es el Cordero de
Dios que quitó nuestros pecados al convertirse en el Cordero del
sacrificio para satisfacer el requisito de Dios para la remisión de los
pecados.

> *Juan 1:29 (NVI) "29 Al día siguiente Juan vio a Jesus que se acer-*
> *caba a él, y dijo: "¡Aquí tienen al Cordero de Dios, que quita el*
> *pecado del mundo!"*

Cristo, el Justo, murió en nuestro lugar. Merecíamos morir, pero
Cristo tomó nuestro lugar en la Cruz.

> *1 Pedro 2:24 (NVI) "24 El mismo, en su cuerpo, llevó al madero*
> *nuestros pecados, para que muramos al pecado y vivamos para*
> *la justicia. Por sus heridas ustedes han sido sanados."*

2. Cristo resucitó de entre los muertos para ofrecernos una esperanza viva y vida eterna.

Creemos que Cristo fue sepultado y luego resucitó de entre los muertos. Está vivo y ofrece vida eterna a todos los que creen en él. Vivimos esta vida para Él para que vivamos con Él por la eternidad.

> *1 Corintios 15:19-20, 22 (NVI) 19 Si la esperanza que tenemos en Cristo fuera solo para esta vida, seríamos los más desdichados de todos los mortales. 20 Lo cierto es que Cristo ha sido levantado de entre los muertos, como primicias de los que murieron.*

La vida eterna solo puede ser ofrecida por Aquel que resucitó de entre los muertos. Cristo resucitó de entre los muertos y, por lo tanto, ofrece vida eterna a todos los que creen en él.

> *Juan 3:16 (NVI) 16 "Porque tanto amó Dios al mundo que dio a su Hijo unigénito, para que todo el que cree en él no se pierda, sino que tenga vida eterna."*

> *Juan 6:40 (NVI) "40 Porque la voluntad de mi Padre es que todo el que reconozca al Hijo y crea en él tenga vida eterna, y yo lo resucitaré en el día final."*

3. Cristo regresará de nuevo para llevarnos a estar con él para siempre.

¡Jesus regresa! Él regresará para traernos a estar con Él para siempre. También viene a recompensarlos por nuestro caminar en él. Todos estaremos ante Él, algunos para recibir su recompensa eterna y otros para ser enviados a la condenación eterna.

> *Mateo 16:27 (NVI) "27 Porque el Hijo del hombre ha de venir en la gloria de su Padre con sus ángeles, y entonces recompensará a cada persona según lo que haya hecho."*

Jesús mismo dijo que volvería de nuevo. En esta Escritura, Él dice que regresará como el "Recompensador". Jesus también enseñó que cuando regrese, nos llevará de regreso con Él para estar con Él para siempre. Vivimos con esta esperanza en nuestros corazones siempre. Tenemos una esperanza viva.

> *Juan 14:3 (NVI) "3 Y, si me voy y se lo preparo, vendré para llevarlos conmigo. Así ustedes estarán donde yo esté."*

El apóstol Pablo dijo en su carta, a la iglesia en Tesalónica, que cuando Jesus regrese, los que todavía estamos vivos lo encontraremos en el aire y estaremos con Él para siempre. Esto es algo que esperamos.

> *1 Tesalonicenses 4:16-17 (NVI) "16 El Señor mismo desciende del cielo con voz de mando, con voz de arcángel y con trompeta de Dios, y los muertos en Cristo resucitarán primero. 17 Luego los que estaremos vivos, los que hayamos quedado, seremos arrebatados junto con ellos en las nubes para encontrarnos con el Señor en el aire. Y así estaremos con el Señor para siempre."*

4. Lo recibimos como Señor al confesar nuestros pecados y le pedimos que sea nuestro Señor.

La Biblia nos enseña que Su sangre nos lava y nos limpia. Somos salvos cuando confesamos nuestros pecados y confesamos a Jesús como el Señor de nuestras vidas. La Biblia nos enseña en 1 Juan capítulo uno que recibimos el perdón cuando nos arrepentimos y confesamos nuestros pecados. El Señor nos purifica de todas nuestras malas acciones.

> *1 Juan 1:9 (NVI) 9 Si confesamos nuestros pecados, Dios, que es fiel y justo, nos los perdonará y nos limpiará de toda maldad.*

La Biblia también enseña que cuando abiertamente **"confesamos a Jesus como el Senor"** de nuestras vidas y simultáneamente creemos en nuestro corazón que Dios lo levantó de los muertos, seremos salvos.

Romanos 10:9 (NVI) "9 Que, si confiesas con tu boca que Jesus es el Señor y crees en tu corazón que Dios lo levantó de entre los muertos, serás salvo."

Pedro concluyó su mensaje el día de Pentecostés con un llamado al arrepentimiento.

Hechos 2:38 (NVI) "38 --Arrepiéntase y bautícese cada uno de ustedes en el nombre de Jesucristo para perdón de sus pecados -- les contestó Pedro--, y recibirán el don del Espíritu Santo."

Jesús mismo enseñó este mensaje del Evangelio a sus discípulos.

Lucas 24:46-47 (NVI) 46 --Esto es lo que está escrito --les explicó--: que el Cristo padecerá y resucitará al tercer día, 47 y en su nombre se predicarán el arrepentimiento y el perdón de pecados a todas las naciones, comenzando por Jerusalén."

Una nota para recordar cuando presentamos el mensaje del Evangelio:

El mensaje del Evangelio debe estar encerrado en la _____ de Dios

Siempre que Jesus predicó, hizo referencia a la Palabra de Dios. Cuando Pedro se puso de pie el día de Pentecostés y entregó ese primer mensaje del Evangelio, estaba incluido en referencias bíblicas. Dos veces en el primer mensaje hizo referencia a las Escrituras.

Hechos 2:14, 16 (NIV) "14 Entonces Pedro, con los once, se puso de pie y dijo a voz en cuello: "Compatriotas judio y todos ustedes que están en Jerusalén, déjenme explicarles lo que sucede; presten atención a lo que les voy a decir. 16 En realidad lo que pasa es lo que anunció el profeta Joel:"

Hechos 2:25 (NVI) "25 En efecto, David dijo de él: "Veía yo al Señor siempre delante de mí, porque él está a mi derecha para que no caiga."

Cuando Pedro y Juan hablaron en la columnata de Salomón cuando Pedro sanó al hombre lisiado, lo incluyó en referencias a Moises y los Profetas.

Hechos 3:22-23 (NVI) "22 Moises dijo: "El Senor su Dios hará surgir para ustedes, de entre sus propios hermanos, a un profeta como yo; presten atención a todo lo que les diga. 23 Porque quien no le haga caso será eliminado del pueblo."

Hechos 3:24-25 (NVI) 24 "En efecto, a partir de Samuel todos los profetas han anunciado estos días. 25 Ustedes, pues, son herederos de los profetas y del pacto que Dios establece con nuestros antepasados al decirle a Abraham: "Todos los pueblos del mundo serán bendecidos por medio de tu descendencia."

Cuando Pedro y Juan fueron llevados ante el Sanedrín por su predicación y el milagro sanador del lisiado, Pedro hizo referencia a las Escrituras.

Hechos 4:10-12 (NVI) "10 Sepan, pues, todos ustedes y todo el pueblo de Israel que este hombre está aquí delante de ustedes, sano gracias al nombre de Jesucristo de Nazaret, crucificado por ustedes, pero resucitado por Dios. 11 Jesucristo es "la piedra que desecharon ustedes los constructora, y que ha llegado a ser la piedra angular".12 De hecho, en ningún otro hay salvación, porque no hay bajo el cielo otro nombre dado a los hombres mediante el cual podamos ser salvos"

Cuando Esteban habló en Hechos 7, hizo referencia a la Palabra de Dios en todo su mensaje. Cuando Felipe le habló al Eunuco cuando el Espíritu Santo le indicó que fuera allí, el Mensaje estaba incluido en las Escrituras.

La palabra de Dios es verdaderamente "___"y "_____" y puede obrar poderosamente en nosotros. Cuanto más lo permitimos en nuestros labios, desbloqueamos su Poder para traer cambio y transformación en las vidas de las personas que nos rodean.

El Evangelio debe centrarse en Jesucristo como el ___ de Dios.

Siempre que los apóstoles y los primeros creyentes predicaron y compartieron el Evangelio, siempre se centró en Jesucristo. Todo el Evangelio se centra en la Obra Salvadora de Jesucristo en la cruz del Calvario. No se trata de ti ni de mí; se trata de Jesus y de nosotros que ponemos nuestra fe en él.

Hechos 2:22-24 (NVI) "22 "Pueblo de Israel, escuchen esto: Jesús de Nazaret fue un hombre acreditado por Dios ante ustedes con milagros, señales y prodigios, los cuales realizó Dios entre ustedes por medio de él, como bien los saben. 23 Este fue entregado según el determinado propósito y el previo conocimiento de Dios; y por medio de gente malvada, ustedes lo mataron, clavándolo en la cruz. 24 Sin embargo, Dios lo resucitó, librándolo de las angustias de la muerte, porque era imposible que la muerte lo mantuviera bajo su dominio."

Hechos 2:32-33 (NVI) "32 A este Jesús, Dios lo resucitó, y de ello todos nosotros somos testigos. 33 Exaltado por el poder de Dios, y habiendo recibido del Padre el Espíritu Santo prometido, ha derramado esto que ustedes ahora ven y oyen"

En cada momento, Pedro y los demás creyentes testificaron acerca de Jesus como el Cristo resucitado.

> *Hechos 3:16 (NIV) "16 Por la fe en el nombre de Jesús, él ha restablecido a este hombre a quien ustedes ven y conocen. Esta fe que viene por medio de Jesus lo ha sanado por completo, como les consta a ustedes."*

> *Hechos 3:18-20 (NIV) "18 Pero de este modo Dios cumplió lo que de antemano había anunciado por medio de todos los profetas: que su Mesías tenía que padecer. 19 Por tanto, para que sean borrados sus pecados, arrepiéntanse y vuélvanse a Dios, 20 enviándoles el Mesías que ya había sido preparado para ustedes, el cual es Jesús."*

El mensaje del Evangelio se recibe poniendo nuestra __ en Jesús como Señor.

El Evangelio se recibe por confesión y por fe, al recibir a Cristo como Senor.

> *Romanos 10:9-10 (NVI) 9 que, si confiesas con tu boca que Jesús es el Señor y crees en tu corazón que Dios los levantó de entre los muertos, serás salvo. 10 Porque con el corazón se cree para ser justificado, pero con la boca se confiesa para ser salvo.*

> *Romanos 10:13 (NVI) "13 porque"todo el que invoque el nombre del Señor será salvo."*

La predicación del Evangelio siempre estuvo y siempre debe ir acompañada de un fuerte sentido de _____ en los oyentes.

Cuando Pedro se puso de pie en medio de los Doce y predicó el día de Pentecostés, todos los que escucharon la Palabra de Dios se sintieron profundamente convencidos. Fue esta misma firme convicción la que acompañó sus mensajes en la Sinagoga y donde quiera que predicaran la Palabra. La Palabra de Dios es viva y eficaz. El evangelio es el poder de Dios para cambiar vidas.

> *Hechos 2:37-40 (NVI) 37 Cuando oyeron esto, todos se sintieron profundamente conmovidos y les dijeron a Pedro y a los otros apóstoles: --Hermanos, ¿qué debemos hacer? 38 --Arrepiéntase y bautícese cada uno de ustedes en el nombre de Jesucristo para perdón de sus pecados --les contestó Pedro--, y recibirán el don del Espíritu Santo.39 En efecto, la promesa es para ustedes, para sus hijos y para todos los extranjeros, es decir, para todos aquellos a quienes el Señor nuestro Dios quiera llamar. 40 y con muchas otras razones les exhortaba insistentemente: --¡Sálvense de esta generación perversa!"*

> *Hechos 11:21 (NVI) "21 El poder del Señor estaba con ellos, y un gran número creyó y se convirtió al Señor."*

Cuando Pablo escribió a la Iglesia en Tesalónica, les recordó cómo recibieron el Evangelio. Lo recibieron;"**Con profunda convicción**".

> *1 Tesalonicenses 1:4-5 (NVI) "4 Hermanos amados de Dios, 5 porque nuestro evangelio les llegó no solo con palabras, sino también con poder, es decir, con el Espíritu Santo y con profunda convicción. Como bien saben, estuvimos entre ustedes buscando su bien."*

Conclusión

Cuando mantenemos estos elementos esenciales del mensaje del Evangelio al frente de nuestro corazón, veremos resultados tremendos, ya que el Evangelio es el poder de Dios para cambiar vidas.

> *Romanos 1:16 (NVI) 16 A la verdad, no me averguenzo del evangelio,*

pues es poder de Dios para la salvación de todos los que creen:
de los Judíos primeramente, pero también de los gentiles.

Haremos bien en encapsular el mensaje del Evangelio con la Verdad de la Palabra. Haremos bien en enfocar siempre nuestro mensaje en la obra de Cristo en la Cruz, y que Él es el Cristo resucitado que regresa.

HOJA PARA ASIMILACIÓN
COMPARTIENDO NUESTRA FE DE FORMA PRÁCTICA.

1. **Complete la oración.** *Haga de la "_____" la misión de su vida.*

2. **Complete la oración y proporcione una Escritura.** *Comprométase a ponerse los "_____ de la preparación" para compartir su fe. _____*

3. **Proporcione una base bíblica para compartir el Evangelio.** _____

4. **Comparta el mensaje del Evangelio brevemente y proporcione pasajes bíblicos que respaldan cada punto:**

    1._____

    _____

    2. _____

    _____

    3. _____

    _____

    4. _____

    _____

5. **Complete la oración.** *El mensaje del Evangelio debe estar envuelto por la _____ de Dios.* **¿Por qué hacemos esto? De al menos un ejemplo.**

_____

_____

6. De al menos otra razón para usar la Palabra de Dios al presentar el Mensaje del Evangelio. _____

_____

_____

7. Complete la oración. _El Evangelio debe centrarse en Jesucristo como el_ _____ _de Dios._

8. ¿Qué Escritura te exhorta más a presentar el evangelio de esta manera? _____

_____

_____

9. ¿Cómo recibimos a Cristo en nuestro corazón? Proporcione una Escritura. _____

_____

_____

10. Complete la oración y proporcione al menos una referencia bíblica. _La predicación del Evangelio estuvo siempre, y siempre debe ir, acompañada de un fuerte sentido de_ _____ _en los oyentes._ _____

_____

11. ¿Qué anima el mensaje de Romanos 1 versículo 16? _____

_____

_____

EL MENSAJE PRÁCTICO DEL EVANGELIO

 quí hay una forma fácil de recordar de compartir el Evangelio:

*"Cada conversación comienza con un abridor. Decimos: "**Hola, ¿cómo estás?** o "**¿Cómo va tu día?**" o hacemos declaraciones sobre el clima o asuntos actuales para entablar una conversación. No es diferente para nosotros cuando comenzamos la presentación real del mensaje del Evangelio, comienza con una apertura, asumiendo, por supuesto, que usted establece una plataforma desde la cual ya comprometió a la persona y ahora está listo para compartir a Cristo con ella"*

1. Opener

¿Cómo estás? ¿Cómo van las cosas hoy? ¿Conoces a Jesucristo? ¿Puedo hablarte de él?

"Recuerde, el Evangelio se trata de personas que ponen su fe en Jesucristo. No se trata de ellos, ni de ti, se trata de Jesús. Deseas

reconciliarlos con Dios a través de la fe en Jesús. En el momento en que comenzamos a testificar acerca de Cristo. El Poder de Dios para salvar a las personas se activa y Dios comienza a trabajar contigo para abrir sus corazones y salvarlos. Dios necesita un Mensajero y en el momento en que te conviertes en Su mensajero, el Espíritu Santo y Jesús comienzan a hacer su parte para traer convicción para salvar a los oyentes. Estas entregando este mensaje para implorar a las personas en nombre de Cristo que se reconcilien con Dios."

2 Corintios 5:18-20 (NVI) 18 Todo esto proviene de Dios, quien por medio de Cristo nos reconcilió consigo mismo y nos dio el ministerio de la reconciliación: 19 esto es, que en Cristo, Dios estaba reconciliando al mundo consigo mismo, no tomándole en cuenta sus pecados y encargándonos a nosotros el mensaje de la reconciliación. 20 Así que somos embajadores de Cristo, como si Dios los exhortara a ustedes por medio de nosotros: "En nombre de Cristo les rogamos que se reconcilien con Dios.

El mensaje bíblico es claro: ¡**Reconcíliate con Dios!**

¿Cómo _____ con Dios?

Tenemos que reconciliarnos para tener una relación con Jesus, pero primero debemos comprender nuestra posición y nuestra relación con Dios. La mayoría de nosotros ni siquiera sabíamos que estábamos perdidos sin Él.

2. Hombre

La humanidad es como ovejas sin pastor. La humanidad se encuentra atrapada en sus pecados. Muchos persiguen cosas que los hacen sentir vivos, pero realmente tratan de lidiar con la sensación de estar vacíos y buscan encontrar el propósito de la existencia.

Es como amar a alguien: hasta que encuentra un lugar en tu corazón, la relación permanece sin sentido ni propósito. Fuimos creados para vivir en comunión con Dios, sin embargo, nuestros pecados nos separaron de Dios.

> *Isaías 59:1-4 (NVI) 1 La mano del Señor no es corta para salvar, ni es sordo su oído para oír. 2 Son **las iniquidades de ustedes las que los separan de su Dios**; Son estos pecados los que lo llevan a ocultar su rostro para no escuchar. 3 Ustedes tienen las manos manchadas de sangre y los dedos manchados de iniquidad. Sus labios dicen mentiras; su lengua murmura maldades. 4 Nadie clama por la justicia, nadie va a juicio con integridad. Se confía en argumentos sin sentido, y se mienten unos a otros. Conciben malicia y dan a luz perversidad.*

Muchas personas viven vidas insatisfechas, tienen una sensación de vacío por dentro, aunque puedan parecer exitosas y satisfechas para los demás. La razón de esto se encuentra en la Biblia: ***Nuestras vidas pecaminosas nos privan de la gloriosa presencia interior y la Gloria de Dios.*** Hasta que le demos a Jesús el lugar que le corresponde en nuestras vidas, siempre tendremos un vacío que solo Él podrá llenar. Cada persona en el planeta vive con este vacío y separación dentro de sí.

> *Romanos 3:23 (NVI) pues todos han pecado y están privados de la gloria de Dios"*

Todos hemos pecado y estamos muertos en nuestros pecados. Adán y Eva pecaron en el Edén. A Través de su pecado, el pecado y la muerte espiritual llegaron a toda la humanidad. Todos somos pecadores y necesitamos un Salvador que pueda salvarnos de nuestro pecado y darnos la vida eterna.

> *1 Corintios 15:22 (NVI) 22 "Pues así como en Adan todos mueren, también en Cristo todos volverán a vivir."*

Hasta que aceptemos la obra de gracia de Cristo, quien ya hizo provisión al tratar con nuestros pecados, el vacío permanece en nosotros. Esto puede cambiar cuando reconocemos a Dios y su amor por nosotros.

3. Dios

Dios nos ama tanto que envió a su Hijo a pagar el precio para redimirnos de nuestros pecados. Ahora ofrece salvación a todos los que aceptan y creen en su Hijo.

> *Juan 3:16 (NVI) 16 "Porque tanto amó Dios al mundo que dio a su Hijo unigénito, para que todo el que cree en él no se pierda, sino que tenga vida eterna."*

Dios es un Dios amoroso que no quiere que nadie se pierda o perezca en su pecado. El desea tener una relación restaurada con nosotros.

> *1 Timoteo 2:3-4 (NVI) 3 Esto es bueno y agradable a Dios nuestro Salvador, 4 pues él quiere que todos sean salvos y lleguen a conocer la verdad.*

Dios no quiere ver a nadie morir en sus pecados. Prefiere que nos arrepintamos, nos volvamos a él y vivamos.

> *Ezequiel 18:32 (NVI) 32 Yo no quiero la muerte de nadie. ¡Conviértanse, y vivirán ! Lo afirma el Señor omnipotente.*

> *Ezequiel 33:11 (NVI) 11 Diles: "Tan cierto como que hocico --afirma el Señor omnipotente--, que no me alegro con la muerte del malvado, sino con que se convierta de su mala conducta y viva. ¡Conviértete, pueblo de Israel; conviértete de tu conducta perversa! ¿Por qué habrás de morir?*

Lo que nuestro amoroso Dios quiere es que toda la humanidad llegue al arrepentimiento de sus pecados y sea salvada por la sangre de Jesús.

> *2 Pedro 3:9 (NVI) 9 El Señor no tarda en cumplir su promesa, según entienden algunos la tardanza. Más bien, él tiene paciencia con ustedes, porque no quiere que nadie perezca, sino que todos se arrepientan.*

Esto solo es posible a través de Su Hijo, Jesucristo.

4. Jesucristo

¿Quién es Jesucristo?

Jesucristo es el Hijo de Dios, que fue concebido por el Espíritu Santo y nació de la Virgen Maria. Fue crucificado, murió por nuestros pecados y fue sepultado. Al tercer día resucitó, como vencedor de la muerte, para dar vida eterna a todos los que creyeran en él.

> *Isaías 53:5 (NVI) 5 "El fue traspasado por nuestras rebeliones, y molido por nuestras iniquidades; sobre él recayó el castigo, precio de nuestra paz, y gracias a sus heridas fuimos sanados."*

> *Juan 1:29 (NVI) 29 "Al día siguiente Juan vio a Jesus que se acercaba a él, y dijo: "¡Aquí tienen al Cordero de Dios, que quita el pecado del mundo!"*

Nos apropiamos de esta obra de gracia de Cristo poniendo nuestra fe en Jesucristo para salvarnos.

5. Lo que Creemos

"Recuerden, les estamos pidiendo que pongan su fe en Jesús por la forma en

que presentamos el Evangelio. Para que esto siga siendo auténtico, debemos compartir con ellos por que hemos puesto nuestra fe en Jesús y declarar lo que creemos. Necesitamos hacer una confesión de lo que creemos".

Nosotros creemos que:

- Jesús es el Hijo de Dios
- Murió en la Cruz por nuestros pecados
- Resucitó al tercer dia y esta vivo
- El perdón por nuestros pecados solo se encuentra en él
- Sólo Jesús puede salvarnos y devolvernos a una relación restaurada con el Padre.

"Es valioso que declaremos nuestra fe y lo que creemos. Compartimos nuestra fe al declarar lo que creemos. Somos testigos cuando declaramos nuestra fe".

Aquí hay una versión del Credo de los Apóstoles a la que nos suscribimos.

Aprenda esto de memoria y simplemente declare su fe:

El Credo de los Apóstoles

Creo en Dios Padre Todopoderoso,

Creador del Cielo y la Tierra.
Creo en Jesucristo, el único Hijo de Dios, nuestro Señor.
quien fue concebido por el Espíritu Santo,
nacido de la Virgen Maria,
Sufrió bajo Poncio Pilato,
fue crucificado, murió y fue enterrado;
Descendió a los muertos.
Al tercer día resucitó;
Ascendió al cielo,
Esta sentado a la diestra de Dios, Padre nuestro,

Y vendrá a juzgar a vivos y muertos.
Yo creo en el Espíritu Santo,
Y creo en una Iglesia Cristiana santa y apostólica,
la comunión de los santos,
el perdón de los pecados,
la resurrección del cuerpo,
y vida eterna, amén.1

"Quizás te pregunten: ¿Qué debo hacer para creer en Jesús? ¿Cómo puedo ser salvo de mis pecados? O podríamos preguntarles: ¿Crees en Jesús? De cualquier manera, si no preguntan, puedes preguntarles y luego pasar al siguiente punto."

6. Confesión y Fe

Somos salvos cuando confesamos nuestros pecados y confesamos nuestra fe en Jesucristo como Senor y Salvador. Dios ofreció vida eterna a todos los que creyeran en Su Hijo, Jesucristo. Cuando nos arrepentimos de nuestros pecados, Él nos perdona y restablece una relación correcta con Dios.

Romanos 10:9-10 (NVI) 9 "que, si confiesas con tu boca que Jesus es el Señor y crees en tu corazón que Dios lo levantó de entre los muertos, serás salvo. 10 Porque con el corazón se cree para ser justificado, pero con la boca se confiesa para ser salvo."

Este versículo de la Biblia realmente lo resume maravillosamente: **"Si confesamos a Jesus como Señor y creemos en nuestro corazón que Dios lo levantó de entre los muertos,"** seremos salvos. Esta promesa está disponible para todos los que invocan a Jesús para que sea su Señor.

Romanos 10:13 (NVI) 13 "porque todo el que invoque el nombre del Señor será salvo".

Lo único que debemos hacer es arrepentirnos de nuestros peca-dos, pedirle que sea nuestro Señor y poner nuestra fe en él.

Hechos 2:38 (NVI) 38 "--Arrepiéntase y bautícese cada uno de ustedes en el nombre de Jesucristo para perdón de sus pecados -- les contestó Pedro--, y recibirán el don del Espíritu Santo.

Jesus dio su vida para salvarnos. Él está de pie a la puerta de nuestros corazones, llamando. Quiere entrar en nuestras vidas.

Apocalipsis 3:20 (NVI) 20 Mira que estoy a la puerta y llamo. Si alguno oye mi voz y abre la puerta, entraré, y cenaré con él, y él conmigo.

Creo que Él está aquí ahora mismo, llamando a la puerta de tu corazón.

"Una vez que compartiste con la gente como recibir a Jesús como su Señor y Salvador, puedes preguntarles si quieren aceptar a Jesús, y luego puedes preguntarles si puedes guiarlos en una oración por la salvación".

Tenemos esta asombrosa promesa de la Biblia en el capítulo uno de Juan, y dice que: Podemos convertirnos en hijos de Dios cuando recibimos a Jesús en nuestras vidas.

Juan 1:12-13 (NIV) 12 Mas a cuantos lo recibieron, a los que creen en su nombre, les dio el derecho de ser hijos de Dios. 13 Estos no nacen de la sangre, ni por deseos naturales, ni por voluntad humana, sino que nacen de Dios.

7. Pedir

"Después de compartir tu fe, debes darles una oportunidad para que respondan a lo que compartiste con ellos. Esta oportunidad se presenta

haciendo una pregunta o dos. A veces, como en el libro de los Hechos cuando Pedro presenció, la gente hará una pausa para preguntar cómo pueden recibir a Jesús. Si no preguntan por sí mismos, deles la oportunidad de recibir a Jesus después de su respuesta a estas preguntas. Tienes que preguntarles:"

¿Quieres abrir la puerta de tu corazón e invitar a Jesús a tu vida? ¿Puedo guiarte en una oración de confesión y aceptar a Jesús como tu Señor y Salvador?

"Ahora guíalos en la siguiente oración de confesión. Pídales que repitan la oración después de usted. Haga la oración, frase por frase, y deje que la repitan después de usted."

8. Oración

Padre Dios que estás en los cielos, confieso que soy un pecador. Me arrepiento de mis pecados y pido tuperdón. Por favor, perdóname, sálvame de mi pecado y hazme tu hijo hoy. Lávame con tu sangre, límpiame con el poder de tu Espíritu Santo. Te pido
ahora que seas mi señor y Salvador. Te pido que entres en mi vida. Te lo pido en el Nombre de Jesus. Amen.

9. Felicitaciones

"Felicítelos por su decisión de recibir a Jesús como el Señor de sus vidas".

- Afirmar que Jesus aceptó su confesión de pecados, de acuerdo con 1 Juan 1 versículo 9, y que
- Les perdono sus pecados.
- Los lavó con su sangre.
- Afirme que ahora son hijos de Dios.

"La parte esencial para concluir cuando las personas reciben a Jesús como

su Señor y Salvador es la seguridad de que debemos darles que no están solos, sino que continuaras este viaje con ellos, para ayudarlos como Seguidores de Jesús. Esto es por lo que hemos estado orando y confiando: almas para ser salvas. Ahora que vemos nuestras oraciones respondidas, podemos comenzar la fase dos bautizándolos y discipulandolos".

HOJA PARA ASIMILACIÓN
EL MENSAJE DEL EVANGELIO PRÁCTICO

1.¿Qué usamos al comienzo de nuestra presentación? De un ejemplo. A._____, y B. _____

_____

2.¿Cuál es el segundo punto de nuestro mensaje evangélico práctico? _____

3.¿Qué mensaje queremos transmitir sobre la humanidad? ¿Qué escritura puedes usar para fundamentar tu punto?_____

_____

_____

4.¿Cuál es el tercer punto de nuestro mensaje evangelico practico? Proporcionar una Escritura._____

_____

5.¿Cuál es el cuarto punto de nuestro mensaje evangelico práctico? Proporcionar una Escritura._____

_____

_____

6.¿Cuál es el quinto punto de nuestro mensaje evangelico práctico?

_____

7.¿Cómo podemos concluir este punto? _____

_____

8.¿Cuál es el sexto punto de nuestro mensaje evangélico práctico? Proporcionar una Escritura. _____

_____

_____

_____

9.Concluimos con el séptimo punto. _____

_____

_____

10.Escribe la Oración de Salvación. _____

_____

_____

_____

11. ¿Cómo cerramos nuestra conversación? _____

_____

1 https://en.wikipedia.org/wiki/Apostles%27_Creed

PARTE II
OTROS LIBROS DE DR. HENDRIK J VORSTER

OTROS LIBROS DE DR. HENDRIK J VORSTER

Fundamentos del Discipulado
Paso Uno - LAS ENSEÑANZAS FUNDAMENTALES DE CRISTO - Manual del Discípulo
Este curso explora el "Cómo" nacer de nuevo y establecer una base sólida para su fe en Jesucristo. Se basa en hebreos capítulo 6 versículos 1 y 2, y explorar:

- Arrepentimiento de obras muertas,
- Fe en Dios,
- Bautismos,
- Imposición de manos,
- Resurrección de los muertos, y
- Juicio Eterno

Manuales del alumno y material didáctico en video estan disponibles en nuestro sitio web: www.churchplantinginstitute.com

Fundamentos del Discipulado
Paso Dos - Valores y Espiritualidad
Disciplinas
Este curso explora el "Cómo" desarrollar disciplinas espirituales, así como los 52 valores que enseñó Jesús. Se basa en las enseñanzas de Jesús a sus discípulos y explora:

Disciplinas Espirituales
Las disciplinas que exploramos son: Leer, meditar en la Palabra de Dios, Oración, Mayordomia, Ayuno, Servidumbre, Sencillez, Adoración y Testificar.

Valores del Reino de Dios
Humildad, Luto, Mansedumbre, Pasión Espiritual, Misericordia, Pureza, Pacificador, Paciente, aguante, Ejemplo, custodio, Reconciliatorio, Resolución, Amar, Discreción, Perdonador, Inversionista del Reino de Dios, Mente divina, Priorizador del Reino de Dios, Introspectivo, Persistente, Considerado, Conservador, Dando frutos, Practicante, Responsabilidad, Fiel, Infancia, Unidad, Servidumbre, Lealtad, Agradecimiento, Mayordomía, Obediencia, Cuidado, Compasión, Cuidar, Confianza, Firmeza, Satisfacción, Ensenable, Deferencia, Diligencia, Fiabilidad, Gentileza, Discernimiento, Veracidad, Generosidad, Bondad, Vigilancia, Perseverancia, Honra y Sumisión.

Manuales del alumno y material didáctico en video estan disponibles en nuestro sitio web: www.churchplantinginstitute.com

Fundamentos del Discipulado Paso Tres - Desarrollando los Dones y Habilidades

Este curso se desarrolla a través de cinco encuentros de fin de semana. Estos encuentros de fin de semana han sido diseñados para ayudar a los Discípulos a descubrir sus dones espirituales, así como a aprender habilidades para usar sus dones y servir al Señor para la extensión de Su Reino. Los encuentros de fin de semana son:

Encuentro de Fin de Semana Descubriendo los Dones

Aprendemos sobre los dones para el oficio ministerial, los dones de servicio y los dones espirituales sobrenaturales. Descubrimos los nuestros y luego aprendemos como podemos usarlos para edificar la iglesia local.

Encuesta sobre el encuentro del fin de semana Bíblico

Durante este fin de semana hacemos un estudio de la Biblia, desde el Génesis hasta el Apocalipsis. También aprendemos sobre la historia de la Biblia y sobre cómo podemos aprovechar al máximo nuestro tiempo en la Palabra.

Encuentro de Fin de Semana Compartiendo su Fe

Durante este fin de semana aprendemos sobre el mensaje del Evangelio y cómo compartir nuestra fe de manera efectiva.

. . .

Superando el Encuentro de fin de semana

Durante este fin de semana nos ocupamos de esos cardos y espinas que sofocan el crecimiento y la cosecha de la buena semilla sembrada en nuestras vidas. Abordamos Cómo superar el miedo, la falta de perdón, la lujuria y los afanes del mundo con fe y obediencia

Encuentro del fin de semana del Pastor Lider

Durante este encuentro de fin de semana aprendemos sobre ser un buen pastor y cómo discipular mejor en un grupo pequeño.

Manuales del alumno y material didáctico en video estan disponibles en nuestro sitio web: www.churchplantinginstitute.com

Fundamentos del Discipulado
Paso Cuatro - Discipulando a los Productores de Fruto

Fuimos salvados para servir. Este curso ha sido diseñado para movilizar a los creyentes, desde aprendices hasta practicantes. Estas sesiones han sido preparadas para uso individual, con aquellos que están dando fruto y quieren producir más fruto. Desarrollar estas áreas de manera sostenida y sistemática asegurará tanto la fecundidad como la multiplicación. Attending to these areas will ensure that you bear lasting fruit.

Exploramos:

1. Introducción.

2. Caminando con propósito.

3. Construye relaciones con un propósito. Encontrar hombres dignos.

4. Sacerdocio. Orar eficazmente por los que te han confiado.

5. Cuidar con compasión.

6. Caminando dignamente.

7. Caminando en el Espíritu.

8. Practicando la hospitalidad.

Manuales del alumno y material didáctico en video estan disponibles en nuestro sitio web: www.churchplantinginstitute.com

Fundamentos del Discipulado

Paso Cinco - Discipulando Hacia La Multiplicación

Este curso fue diseñado para ayudar a los discípulos productores de frutos a vivir una vida que fomente una vida fructífera. También les dará a nuestros discípulos habilidades y pautas para guiar a sus discípulos a través de temporadas de desafío y crecimiento. Este curso está repleto de principios de liderazgo para avanzar. Cuanto más se abordan y fomentan estas áreas, más experimentaremos el crecimiento y la multiplicación.

Exploramos:
1. Visión y Sueños.
2. Establezca metas piadosas.
3. Desarrollo del Carácter.
4. Desarrollo de los Dones-Impartición y Activación.
5. La fecundidad viene a través del desafío constante.
6. Relaciones: familia, hijos y amigos.
7. El Poder del Aliento
8. Finanzas- Finanzas personales y ministeriales.
9. Lidiar con los contratiempos
  a. ¿Cómo lidiar con el fracaso?
  b. ¿Cómo lidiar con la traición?
  c. ¿Cómo lidiar con el rechazo?
  d. ¿Cómo lidiar con los juicios?
  e. ¿Cómo lidiar con el desaliento?
10. Recompensas eternas

Manuales del alumno y material didáctico en video estan disponibles en nuestro sitio web: www.churchplantinginstitute.com

Valores del Reino de Dios
By Dr. Hendrik J Vorster

Todo el mundo desea ser conocido como un tipo de persona agradable. Este libro le ayuda a desarrollar valores hacia un carácter más piadoso. Este libro explora 52 valores del Reino de Dios

Manuales del alumno y material didáctico en video estan disponibles en nuestro sitio web: www.churchplantinginstitute.com

Disciplinas espirituales del Reino de Dios
By Dr. Hendrik J Vorster

Todo creyente desea ser una rama productora de frutos en la viña de nuestro Señor. Desarrollar disciplinas espirituales es desarrollar raíces espirituales de las cuales nuestra fe puede extraer savia para hacer crecer ramas fuertes y fructíferas. Este libro explora nueve disciplinas espirituales del reino de Dios.

Los libros estan disponibles en nuestro sitio web: www.churchplantinginstitute.com

PLANTAR IGLESIAS

Una guía práctica mundialmente comprobada para plantar iglesias dinámicas

Dr. Hendrik J. Vorster
PRÓLOGO DEL DR. YONGGI CHO

Plantación de Iglesias - por el Dr Hendrik J Vorster

Plantación de Iglesias - Como plantar una iglesia dinámica que hace discípulos.

By Dr Hendrik J Vorster

Este es un manual para aquellos que deseen plantar una iglesia que haga discípulos. Este libro explora todos los aspectos de la plantación de iglesias y se usa ampliamente en más de 70 naciones en 6 continentes. Aquí hay una lista de las áreas que se exploran:

1. El desafío de plantar nuevas iglesias
2. Fases de la plantación de Iglesias
3. Fase uno de la plantación de iglesias: el llamamiento, la visión y la fase de preparación.
4. El llamado a la plantación de iglesias
5. Doce características de los líderes de plantación de iglesias
6. Terminología de plantación de iglesias
7. Fase Dos de la plantación de iglesias: Discipulado
8. El Proceso del Discipulado
9. Fase Tres de la plantación de iglesias: congregación de los grupos de discipulado
10. Comprensión de la finanzas de la plantación de iglesias
11. Entender al personal de la iglesia
12. Fase cuatro de la plantación de iglesias: desarrollo del ministerio y fase de lanzamiento de la iglesia
13. Comprensión e implementación de sistemas
14. Fase cinco de la plantación de iglesias: multiplicación
15. Entender los desafíos en la plantación de iglesias
16. Cómo tener éxito en la plantación de iglesias
17. Cómo plantar una iglesia en casa

Manuales del alumno y material didáctico en video estan disponibles en nuestro sitio web: www.churchplantinginstitute.com

Serie de la Fundación de Discipulado en Video

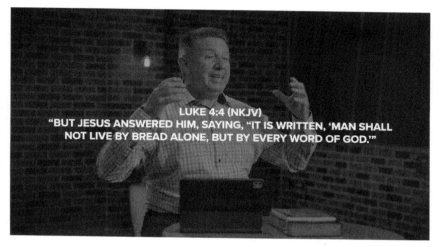

LUKE 4:4 (NKJV)
"BUT JESUS ANSWERED HIM, SAYING, "IT IS WRITTEN, 'MAN SHALL
NOT LIVE BY BREAD ALONE, BUT BY EVERY WORD OF GOD.'"

Dr. Vorster enseñando a través de video

185 Enseñanzas en Video están disponibles para cada una de las Sesiones que se enseñan a lo largo de estos Cursos de Discipulado.

Serie de la Fundación Discipulado

Tenemos cinco cursos de discipulado completamente grabados disponibles en video en www.discipleshipcourses.com

- **Paso Uno – Las Enseñanzas Fundamentales de Cristo** (Este curso de 7 semanas ayuda al nuevo Creyente a establecer y construir una base sólida para que su fe construya). Este curso está disponible, sin cargo, previa inscripción gratuita.
- **Paso Dos - Valores y Espiritualidad Disciplinas** (Este Curso de 9 semanas ayuda al joven Creyente a poner raíces espirituales, estableciendo disciplinas espirituales y aprendiendo los valores del Reino de Dios).
- **Paso tres - Desarrollo de dones y habilidades** (este curso generalmente se presenta durante 5 encuentros de fin de

semana, o durante un período de 23 semanas. Exploramos los Dones Espirituales y Cómo usarlos para edificar la Iglesia local. Exploramos la Biblia, y sus orígenes, durante una parte para asegurarnos de construir nuestras vidas sobre el Manual de la Biblia. También aprendemos a compartir nuestra fe. Aprendemos cómo lidiar con fortalezas que podrían retrasarnos en el cumplimiento del propósito de Dios. Y finalmente, aprendemos cómo guiar mejor a aquellos a quienes guiamos a Cristo).

- **Paso cuatro - Discipulado de productores de frutas** (Durante este curso de 8 semanas aprendemos cómo enseñar a nuestros discípulos los principios que desarrollarán y mantendrán la fecundidad).
- **Paso cinco - Multiplicación** (Durante este curso de 11 semanas, aprendemos cómo asesorar a nuestros líderes para liderar productores de frutas fuertes y saludables).

La inscripción gratuita para acceder a estos recursos de video está disponible en www.discipleshipcourses.com

Videos de capacitación para plantar iglesias

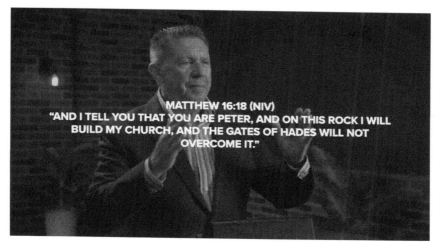

Dr. Vorster enseñando a través de video

42 Enseñanzas en Video están disponibles en este Curso de Plantación de Iglesias.

- Introducción a la plantación de iglesias
- ¿Por qué plantar nuevas iglesias?
- Descripción general de las fases de la plantación de iglesias
- Fase 1 - Fase de preparación
- Fase 2 - Fase de Team Building
- Fase 3 - Fase previa al lanzamiento
- Fase 4 - Fase de lanzamiento
- Fase 5 - Fase de multiplicación
- Pruebas de plantación de iglesias
- Próximos pasos

La inscripción gratuita está disponible en www.churchplantingcourses.com

Las sesiones de Coaching Avanzado están disponibles para aquellos que se inscribieron en el Programa de Capacitación de Maestría.

NOTAS FINALES

1 Miller & Huber, Stephen & Robert (2003). *The Bible: the making and impact on the Bible a history*. England: Lion Hudson. p. 21. ISBN 0-7459-5176-7.

2 https://en.wikipedia.org/wiki/Nevi%27im

3 Neusner, Jacob, The Talmud Law, Theology, Narrative: A Sourcebook. University Press of America, 2005

4 Coogan, Michael D. A Brief Introduction to the Old Testament: the Hebrew Bible in its Context. Oxford University Press. 2009; p. 5

5 Coogan, Michael D. A Brief Introduction to the Old Testament: the Hebrew Bible in its Context. Oxford University Press. 2009; p. 5

6 https://theconversation.com

7 [6] What the Bible is All About Visual Edition by Henrietta C. Mears – Gospel Light Publications, 2007. pp. 438–39

8 Bart D. Ehrman (1997). *The New Testament: A Historical Introduction to the Early Christian Writings*. Oxford University Press. p. 8. ISBN 978-0-19-508481-8.

9 *Saint Justin Martyr*, Encyclopaedia Britannica, Inc.

10 *Saint Justin Martyr*, Encyclopaedia Britannica, Inc.

Made in the USA
Middletown, DE
12 January 2022

58542777R00038